BEI GRIN MACHT SICH IHR WISSEN BEZAHLT

Arbeitsmigration. Die Integration der ersten Arbeitsemigrantengeneration in der Bundesrepublik Deutschland

GRIN

Bibliografische Information der Deutschen Nationalbibliothek:

Die Deutsche Nationalbibliothek verzeichnet diese Publikation in der Deutschen Nationalbibliografie; detaillierte bibliografische Daten sind im Internet über http://dnb.d-nb.de abrufbar.

ISBN: 9783346517562
Dieses Buch ist auch als E-Book erhältlich.

Wie gestaltete sich die Integration der ersten Arbeitsmigranten Generation
in der Bundesrepublik Deutschland Ende der 1950er Jahre?

Inhaltsverzeichnis

Einleitung

„Wir riefen Arbeitskräfte und es kamen Menschen"

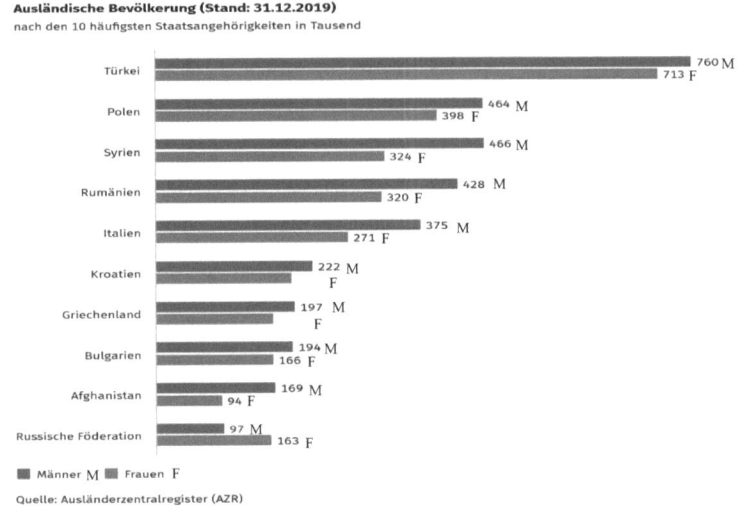

Ausländische Bevölkerung (Stand: 31.12.2019)
nach den 10 häufigsten Staatsangehörigkeiten in Tausend

Land	Männer M	Frauen F
Türkei	760 M	713 F
Polen	464 M	398 F
Syrien	466 M	324 F
Rumänien	428 M	320 F
Italien	375 M	271 F
Kroatien	222 M	F
Griechenland	197 M	F
Bulgarien	194 M	166 F
Afghanistan	169 M	94 F
Russische Föderation	97 M	163 F

■ Männer M ■ Frauen F
Quelle: Ausländerzentralregister (AZR)

Quelle: https://www.destatis.de/DE/Themen/Gesellschaft-Umwelt/Bevoelkerung/Migration-Integration/_inhalt.html

Ende 2020 wurden ca. 11,4 Millionen Ausländer/innen im Ausländerzentralregister Deutschlands erfasst.[1] Die folgende Arbeit befasst sich mit der Ursache dieser Entwicklung und klärt die Frage, wie sich die Integration der ersten Arbeitsmigranten Generation in der Bundesrepublik Deutschland Ende der 1950er Jahre gestaltete. Dabei wird zunächst der Begriff „Integration" definiert. Anschließend folgt eine Einführung in die Thematik, in der die drei Phasen der Ausländerbeschäftigung der Bundesrepublik Deutschland näher betrachtet werden. In diesem Teil der Arbeit wird die Ausländerbeschäftigung der Bundesrepublik Deutschland exemplarisch an den Immigranten aus den Staaten Italien und Türkei verdeutlicht. Dies geschieht vor allem unter der Berücksichtigung der Biographie des italienischen „Gastarbeiters" Signore Guardavascio. Im Schlussteil der Arbeit werden die Bedeutung und die Folgen der deutschen Ausländerbeschäftigung aufgezeigt und es folgt eine klare Positionierung des Verfassers zur Fragestellung. Zum Abschluss wird ein möglicher Ausblick präsentiert, der

---

[1]Vgl. Destatis – Statistisches Bundesamt: Migration und Integration, URL: *https://www.destatis.de/DE/Themen/Gesellschaft-Umwelt/Bevoelkerung/Migration-Integration/_inhalt.html* (letzter Zugriff: 30.03.2021).

die Chancen der Ausländerbeschäftigung auch für die Zukunft beinhaltet.

Definition Integration

Der Begriff „Integration" ist ein sehr umfassender Begriff, der unterschiedlich definiert werden kann. „Integration" meint „[...] den Zustand oder Prozeß der Angleichung von Personen an ein zuvor unterschiedliches soziales und kulturelles System [...]".[2] Die Integration ist abgeschlossen, wenn die sozial und kulturell fremde Person ihre Handlungsziele als erfüllt beurteilt, ohne dass sie darauffolgende negative Konsequenzen erfährt. Der Prozess der Angleichung von Personen wird als Akkulturation bezeichnet.[3] Die „Akkulturation gilt als der Vorgang der ,Verschmelzung' zweier Kulturen durch Austausch kultureller Elemente bei Kontaktnahme und das (wechselseitige) Lernen kultureller Fähigkeiten."[4]

Da sich die Arbeit mit der Integration der ersten Arbeitsmigranten Generation in der Bundesrepublik Deutschland befasst, macht es Sinn, die Definition des Bundesamtes für Migration zu betrachten. Dies definiert den Begriff „Integration" folgendermaßen: „Integration ist ein langfristiger Prozess. Sein Ziel ist es, alle Menschen, die dauerhaft und rechtmäßig in Deutschland leben in die Gesellschaft einzubeziehen. Zuwanderern soll eine umfassende und gleichberechtigte Teilhabe in allen gesellschaftlichen Bereichen ermöglicht werden. Sie stehen dafür in der Pflicht, Deutsch zu lernen sowie die Verfassung und die Gesetze zu kennen, zu respektieren und zu befolgen."[5]

Der Integrationsprozess ist das Resultat eines erfolgreichen gesellschaftlichen und individuellen Prozesses. Nur in der Gesamtheit beider Prozesse kann die Integration einer sozial und kulturell fremden Person in eine Gemeinschaft erfolgen. Dabei ist festzuhalten, dass sich der Integrationsprozess wegen seiner Komplexität meist über mehrere Generationen erstreckt.[6]

---

[2]Esser, Hartmut/Gaugler, Eduard/Neumann, Karl-Heinz: *Arbeitsmigration und Integration. Sozialwissenschaftliche Grundlagen*, Peter Hanstein Verlag GmbH, Königstein 1979, S. 5.
[3]Vgl. ebd, S. 4.
[4]Ebd, S. 5.
[5]Bundesamt für Migration und Flüchtlinge: Integration, URL: https://www.bamf.de/DE/Service/ServiceCenter/Glossar/_functions/glossar.html?nn=282918&cms_lv3=294894&cms_lv2=282958 (letzter Zugriff: 30.03.2021).
[6]Vgl. Heckmann, Friedrich: *Die Integrationsdebatte in Deutschland*. In: Meier-Braun, Karl-Heinz/Weber, Reinhold: *Migration und Integration in Deutschland. Begriffe-Fakten-Kontroversen*, Kohlhammer Verlag, Bonn 2013, S. 228.

Phasen der Ausländerbeschäftigung der Bundesrepublik Deutschland

Tab. 19: *Ausländer in der Bundesrepublik Deutschland (einschl. Berlin-West). Wohnbevölkerung und Beschäftigte insgesamt und nach ausgewählten Nationalitäten, 1950 bis 1980, in 1000*

Jahr	Ausländer				Griechen		Italiener		Jugoslawen		Spanier		Türken	
	Wohn-bev.	Ausl. quote	Be-schäftigte	Ausl.-Quote	Wohn-bev.	Besch.	Wohn-bev.	Besch.	Wohn-bev.	Besch.	Wohn-bev.	Besch.	Wohn-bev.	Besch.
1950	567,9													
1951	506,0				3,3		23,5		23,7		1,6		1,3	
1952	466,2				3,4		24,5		21,7		1,7		1,3	
1953	489,7				3,6		26,0		22,1		1,8		1,5	
1954	481,9		72,9	0,4	3,6	0,5	25,6	6,5	21,0	1,8	1,9	0,4	1,5	
1955	484,8		79,6	0,4	3,8	0,6	25,8	7,5	21,0	2,1	2,1	0,5	1,7	
1956			98,8	0,5		1,0		18,6		2,3		0,7		
1957			108,2	0,6		1,8		19,1		2,8		1,0		
1958			127,1	0,6		2,8		25,6		4,8		1,5		
1959			166,8	0,8		4,1		48,8		7,3		2,2		
1960			329,4	1,5		20,8		144,2		8,8		16,5		2,5
1961	686,1	1,2	548,9	2,5	42,1	52,3	196,7	224,6		16,4	44,2	61,8		6,7
1962			711,5	3,2		80,7		276,8		23,6		94,0		18,6
1963			828,7	3,7		116,9		287,0		44,4		119,6		33,0
1964			985,6	4,4		154,8		296,1		53,1		151,1		85,2
1965			1216,8	5,7		187,2		372,3		64,1		182,8		132,8

Jahr	Ausländer				Griechen		Italiener		Jugoslawen		Spanier		Türken	
	Wohn-bev.	Ausl. quote	Be-schäftigte	Ausl.-Quote	Wohn-bev.	Besch.	Wohn-bev.	Besch.	Wohn-bev.	Besch.	Wohn-bev.	Besch.	Wohn-bev.	Besch.
1966			1313,5	6,3		194,6		391,3		96,7		178,2		161,0
1967	1806,7	2,8	991,3	4,7		140,3		266,8		95,7		118,0		131,3
1968	1924,2	3,2	1089,9	5,2		144,7		304,0		119,1		115,9		152,9
1969	2381,1	3,9	1501,4	7,0	271,3	191,1	514,6	349,0	331,6	265,0	206,9	143,1	322,4	244,3
1970	2976,5	4,9	1949,0	9,0	342,9	242,2	573,6	381,8	514,5	423,2	245,5	171,7	469,2	353,9
1971	3438,7	5,6	2240,8	10,3	394,9	268,7	589,8	408,0	594,3	478,3	270,4	186,6	652,8	453,1
1972	3526,6	5,7	2352,4	10,8		270,1		426,4		474,9		184,2		511,1
1973	3966,2	6,4	2595,0	11,9	399,2	250,0	622,0	450,0	673,3	535,0	286,1	190,0	893,6	605,0
1974	4127,4	6,7	2186,6	10,9	406,4	229,2	629,6	331,5	707,8	466,7	272,7	149,7	1027,8	606,8
1975	4089,6	6,6	2038,8	10,1	390,5	196,2	601,4	292,4	677,9	415,9	247,4	124,5	1077,1	543,3
1976	3948,3	6,5	1920,9	9,5	353,7	173,1	568,0	279,1	640,4	387,2	219,4	107,6	1079,3	521,0
1977	3948,3	6,4	1886,6	9,3	328,5	162,5	570,8	281,2	630,0	377,2	201,4	100,3	1118,0	517,5
1978	3981,1	6,5	1869,3	9,1	305,1	146,8	572,5	288,6	610,2	369,5	188,9	92,6	1165,1	514,7
1979	4143,8	7,2	1933,6	9,5	296,8	140,1	594,4	300,4	620,6	367,3	182,2	89,9	1268,3	540,4
1980	4450,0	7,5	2070,0	9,1	298,0	132,9	618,0	309,2	632,0	357,4	180,0	86,5	1462,0	591,8

Quelle: Herbert, Ulrich: Geschichte der Ausländerpolitik in Deutschland. Saisonarbeiter, Zwangsarbeiter, Gastarbeiter, Flüchtlinge, Verlag C. H. Beck, München 2001, S. 198–199.

Die Grafik zeigt die Entwicklung der Ausländerbeschäftigung der Bundesrepublik Deutschland bis 1980. Dabei sind drei deutlich unterscjiedliche Phasen zu erkennen. Die erste Phase kann als Nachkriegszeit bezeichnet werden und umfasste den Zeitraum von 1945 bis 1959/60. Das Merkmal dieser Phase ist, dass die Zahl der ausländischen Wohnbevölkerung und Beschäftigten im Vergleich zu den anderen Phasen relativ gering war. 1961 lag die Zahl der Ausländer in der Bundesrepublik bei gerade einmal 686.000. In der zweiten Phase stieg die Zahl der Ausländer in der Bundesrepublik relativ stark an. 1967 betrug die Zahl der Ausländer in der Bundesrepublik 1,8 Millionen. Diese Phase dauerte von 1960 bis 1966 und kann als Phase der Hochkonjunktur bzw. Wirtschaftswunder bezeichnet werden. Die dritte Phase von 1966 bis 1973 endet mit dem Anwerbestopp. Sie beinhaltet die Rezession von 1966/67 und wird dementsprechend im Folgenden so benannt. Trotz des Rückgangs der Wirtschaftsleistung im Jahre 1967/68 stieg die Zahl der ausländischen Bevölkerung in den darauffolgenden Jahren wieder stark an. 1973 lebten 3,96 Millionen Ausländer in der Bundesrepublik Deutschland.

Ebenfalls weist die Verteilung der Nationalitäten deutliche Trends auf. Die italienische Bevölkerung machte bis 1969 den größten Anteil der ausländischer Arbeitskräfte und Wohnbevölkerung aus. 1971 lösten die Türken die Italiener ab und waren von nun an die Größte Gruppe. 1961 betrug die Zahl der italienischen Wohnbevölkerung 196.700. Im Vergleich dazu lag die türkische Wohnbevölkerung nur bei 6.700. 1971 betrug die türkische Wohnbevölkerung 652.800 und war damit ca. 60.000 Personen größer, als die italienische (589.800). Diese Entwicklung hat bis heute Bestand. Die Ursachen werden in dem folgenden Teil der Arbeit beleuchtet.

Nachkriegszeit (1945 bis 1959/60)

Das Ausmaß der Zerstörung Deutschlands nach dem zweiten Weltkrieg war aus der Sicht der deutschen Industrie relativ gering. Zwar wurden die meisten Großstädte Deutschlands bis zu 70 % zerstört, allerdings hielt sich die Zerstörung der deutschen Industrie in Grenzen. Gerade einmal 6,1 % der Werkzeugmaschinen wurden beschädigt. Durch den Krieg und den damit Verbundenen Bedarf an Rohstoffen, wurde im Sommer 1944 der Höhepunkt der Rüstungsindustrie erreicht. Zwar ging die Gesamtproduktion durch die Bombenangriffe der Alliierten zurück, allerdings lag sie zu Beginn 1945 noch fast doppelt so hoch, wie 1941. Dieser Anstieg der Gesamtproduktion ist dadurch zu erklären, dass die deutschen Industrieanlagen während des Krieges massiv ausgebaut und erweitert wurden. Die starke Ausweitung der Produktionskapazitäten konnte nur durch die Zuhilfenahme ausländischer Zivilarbeiter und Kriegsgefangenen ermöglicht werden. 1944 arbeiteten 7,7 Millionen ausländische Arbeitskräfte in Deutschland. Nach Kriegsende kehrten diese Arbeitskräfte in ihre Heimatländer zurück und sollten durch die heimkehrenden deutschen Soldaten ersetzt werden. Die Zahl der erwerbstätigen deutschen Männer wurde durch den Krieg stark dezimiert. Dementsprechend konnten sie die

Lücke an Arbeitskräften nicht adäquat füllen. „Volkswirtschaftlich gesehen stand also bei Kriegsende die stark ausgeweitete Produktionskapazität der deutschen Wirtschaft einem erheblich verringerten Arbeitskräfteangebot gegenüber."[7] Aufgrund des Arbeitskräftemangels und der Zerstörung der meisten Transportwege durch den Krieg, kam es zu einem Stillstand der Produktionsanlagen. Erst die Währungsreform 1948 sorgte für einen wirtschaftlichen Aufschwung der drei westlichen Besatzungszonen, die ab 1949 die Bundesrepublik Deutschland bildeten. Diese profitierten enorm von der verbesserten deutschen Industriekapazität während des Krieges. Für die Nutzung der Industrieanlagen waren zwei Faktoren besonders wichtig. Erstens war die deutsche Wirtschaft auf ausländisches Kapital angewiesen, welches durch die amerikanische Auslandshilfe in Form des Marshallplanes zu Verfügung stand. Zweitens musste eine ausreichende Zahl an Arbeitskräften vorhanden sein. 8,3 Millionen Vertriebene und Flüchtlinge sind bis 1950 aus dem Osten (zum Großteil aus der sowjetischen Besatzungszone) in die Bundesrepublik gekommen. Durch den Zuwachs der Bevölkerung, konnte die Bundesrepublik ihren Arbeitskräftemangel beheben. 1960 machten die Vertriebenen und Flüchtlinge nahezu 25 % der Gesamtbevölkerung der Bundesrepublik Deutschland aus. Durch die steigende Arbeitskraft konnte die Bundesrepublik ihr Bruttosozialprodukt in diesem Zeitraum verdoppeln. Grund dafür war die schnelle Integration der Vertriebenen und Flüchtlinge in den westdeutschen Arbeitsmarkt. „Ohne das ‚Wirtschaftswunder' wäre die Integration der Flüchtlinge und Vertriebenen, ohne deren zusätzliches Arbeitskräftepotential wäre das ‚Wirtschaftswunder' nicht möglich gewesen."[8] Die Vertriebenen und Flüchtlinge wurden allerdings ungleich in der Bundesrepublik verteilt, da einerseits die französische Besatzungszone erst ab 1948 Flüchtlinge aufnahm, andererseits diese in weniger zerstörten Städten untergebracht werden sollten. Dies hatte zur Folge, dass die „[…] agrarisch strukturierten Länder Bayern, Niedersachsen und Schleswig-Holstein [...]" 60 % aller Vertriebenen aufnahmen.[9] Ohne die Disparität zwischen dem Produktionspotential und dem einheimischen Arbeitskräfteangebot, hätte die Integration der Ost-Flüchtlinge nicht so schnell erfolgen können. Dies lag unter anderen daran, dass es sich bei den Zuwanderern um deutsche Staatsbürger handelte. Dadurch gab es verhältnismäßig wenige Barrieren für die Integration der Zuwanderer, da sie die deutsche Kultur und Sprache bereits beherrschten. „Der Zuzug so vieler fremder Arbeitskräfte führte bei vielen Einheimischen jedoch auch zu Abwehrreaktionen bis hin zu offener Feindseligkeit."[10] Vor allem die zunehmende Konkurrenz auf dem Arbeitsmarkt stärkte das abwertende Bild der Zuwanderer. Da aus Sicht der alliierten Besatzungsbehörden eine Rückführung der Ostvertriebenen unmöglich sei, förderten diese deren Integration in die westlichen Besatzungszonen, durch eine Gleichberechtigung

---

[7]Herbert, Ulrich: *Geschichte der Ausländerpolitik in Deutschland. Saisonarbeiter, Zwangsarbeiter, Gastarbeiter, Flüchtlinge*, Verlag C. H. Beck, München 2001, S. 193.
[8]Ebd, S. 195.
[9]Ebd, S. 195-196.
[10]Ebd, S. 197.

auf sozialer, politischer sowie wirtschaftlicher Ebene. Mit dem Bau der Berliner Mauer am 13. August 1961 kam es zu einem Rückgang der östlichen Flüchtlingsströme. Da die Bundesrepublik allerdings auf Humankapital angewiesen war, wurde die Anwerbung von ausländischen Arbeitskräften in Betracht gezogen.[11]

Hochkonjunktur/Wirtschaftswunder (1960 bis 1966)

Am 20. Dezember 1955 wurde die erste Anwerbevereinbarung mit Italien unterzeichnet. Zu diesem Zeitpunkt waren 79.000 (0,4 % der gesamten Arbeitnehmer) ausländische Arbeitskräfte in der Bundesrepublik Deutschland beschäftigt. Während der Anwerbevereinbarung mit Italien, berief man sich auf die positiven Erfahrungen der Ausländerbeschäftigung im ehemaligen deutschen Kaiserreich. 1907 waren von 17 Millionen Beschäftigten 800.000 ausländische Arbeitskräfte. Unter diesen waren vorwiegend Italiener, welche vor allem in der Bauwirtschaft, Eisen- und Stahlerzeugung, Bergbau und Landwirtschaft beschäftigt waren. An dieser Stelle ist es wichtig zu erwähnen, dass diese ausländischen Arbeitskräfte nahezu vollständig in ihre Heimatländer zurückgekehrt sind. Da bis zum Bau der Berliner Mauer (1961) der Arbeitskräftebedarf der Bundesrepublik durch die Ostvertriebenen gedeckt werden konnte, lässt sich die Anwerbevereinbarung von 1955 volkswirtschaftlich als nicht notwendig einordnen. 1955 waren 5,6 % der Bevölkerung (1,074 Millionen) arbeitslos.[12] Dementsprechend hatten die Ostvertriebenen, bzw. die eigene Bevölkerung eine höhere Priorität bei der Vermittlung von Arbeitsplätzen, als ausländische Arbeitskräfte. Die Arbeitslosenquote in der Bundesrepublik Deutschland wies zu dieser Zeit starke regionale Unterschiede auf. „In Baden-Württemberg lag sie nur bei 2,2 %, in Nordrhein-Westfalen bei 2,9 %, in Schleswig-Holstein hingegen bei 11,1 %."[13] Problematisch war, dass die mobilisierbaren deutschen Arbeitskräfte der Bundesrepublik fast komplett beschäftigt waren. Ebenfalls wiesen Wirtschaftsprognosen ein andauerndes starkes Wirtschaftswachstum auf. Auf der Grundlage dieser beiden Faktoren wurde eine überschaubare Anzahl an ausländischen Arbeitskräften angeworben, obwohl die Arbeitslosenquote der Bundesrepublik zu dieser Zeit noch relativ hoch war.[14] So konnten durch den Zustrom von qualifizierten ausländischen Arbeitskräften die Engpässe der Beschäftigung von Arbeitskräften in der Landwirtschaft und im Bergbau überbrückt werden. Grundsätzlich ist allerdings festzuhalten, dass die Vereinbarung von 1955 aus volkswirtschaftlicher Sicht keine dringende Notwendigkeit besaß. Die Vereinbarung diente vielmehr

---

[11]Vgl. Herbert, Ulrich: *Geschichte der Ausländerpolitik in Deutschland. Saisonarbeiter, Zwangsarbeiter, Gastarbeiter, Flüchtlinge,* Verlag C. H. Beck, München 2001, S. 192-201.

[12]Vgl. Schlaffke, Winfried/Voss, Rüdiger: Vom Gastarbeiter zum Mitarbeiter. Ursachen Folgen und Konsequenzen der Ausländerbeschäftigung in Deutschland, Informedia verlags-gmbh, Köln 1982, S. 24.

[13]Herbert, Ulrich: *Geschichte der Ausländerpolitik in Deutschland. Saisonarbeiter, Zwangsarbeiter, Gastarbeiter, Flüchtlinge,* Verlag C. H. Beck, München 2001, S. 202.

[14]Vgl. ebd, S. 202-203.

der Förderung der europäischen Gemeinschaft (Römische Verträge).[15] Das Anwerbeabkommen zwischen der Bundesrepublik Deutschland und Italien beinhaltete bestimmte vertraglich festgelegte Vereinbarungen. Dabei sollten die ausländischen Arbeitskräfte („Gastarbeiter") in der Bundesrepublik nach dem „Rotationsprinzip" arbeiten. Das bedeutete, dass s nach dem Ablauf ihres Arbeitsvertrages in ihre Heimatländer zurückkehren mussten. Weitere Bestandteile des Vertrages waren: die Zuweisung der ausländischen Arbeitskräfte nach Eignung in die Unternehmen, die sozialpolitische Gleichstellung, die Bezahlung nach Tarif, eine bestimmte Vertragsdauer, die Zusicherung einer angemessenen Unterkunft, das Recht auf Lohntransfer und eine zugeneigte Betrachtung von Anträgen bezüglich des Familiennachzugs. Aus der Sicht der Bundesregierung „[...] war die Heranziehung von Ausländern die einfachste Form, der auf Expansion des Arbeitsmarktes ausgerichteten Wirtschaft Rechnung zu tragen."[16] „Vielmehr ging es darum, am unteren Ende des Arbeitsmarktes der deutschen Landwirtschaft die Zugriffsmöglichkeiten auf billige ausländische Arbeitskräfte zu sichern, so daß das Lohngefüge in der Landwirtschaft auf relativ niedrigem Niveau stabilisiert werden konnte."[17] Festzuhalten ist, dass es zum Thema der Ausländerbeschäftigung keine öffentliche Debatte gab. Zwischen 1959 bis 1962 kehrte sich das Verhältnis zwischen Arbeitslosen und offenen Stellen um. Zwischen 1959 und 1965 stieg die Zahl der ausländischen Arbeitskräfte um eine Million an. Dies war die Folge der steigenden Wirtschaftsleistung der Bundesrepublik. In der gesamten Zeitspanne zwischen 1950 und 1960 stieg die Gesamtzahl der Erwerbstätigen in der Bundesrepublik um 4,5 Millionen an. Seit 1965 beträgt die Zahl der Erwerbstätigen der Bundesrepublik ungefähr 26,5 Millionen. Die Erweiterung des Arbeitskräftepotentials sorgte für einen „Kampf um Arbeiter". Dies war die Folge der sinkenden Zahl der deutschen Erwerbstätigen ab 1962. Mehrere Faktoren führten zu dieser Tendenz: 1. Die geburtenschwachen Kriegsjahrgänge stiegen ins Erwerbsleben ein, 2. Die Absenkung des durchschnittlichen Eintrittsalters in den Ruhestand, 3. Die Verlängerung der Ausbildungszeit und 4. Die Senkung der Arbeitszeit. Auf Grundlage der massiven Nachfrage an Arbeitskräften, wurde die Anwerbung von ausländischen Arbeitskräften als unumstritten angesehen, um ein schrumpfendes Wirtschaftswachstum zu vermeiden. Dies hatte zur Folge, dass weitere Anwerbeabkommen mit Nicht-EG-Ländern geschlossen wurden. Der Vorteil von ausländischen Arbeitskräften war einerseits der finanzielle Rahmen der Ausländerbeschäftigung, andererseits die berufliche und regionale Mobilität der Arbeitskräfte, wodurch regionale Engpässe an Arbeitskräften überbrückt werden konnten. „Diese Millionen Menschen auf deutschen Arbeitsplätzen trägt mit dazu bei, daß unsere Produktion weiter wächst, unsere Preise stabil und unsere Geltung auf dem Weltmarkt erhalten bleibt."[18] Die Vorteile

---

[15]Vgl. Schlaffke, Winfried/Voss, Rüdiger: Vom Gastarbeiter zum Mitarbeiter. Ursachen Folgen und Konsequenzen der Ausländerbeschäftigung in Deutschland, Informedia verlags-gmbh, Köln 1982, S. 24.

[16]Herbert, Ulrich: *Geschichte der Ausländerpolitik in Deutschland. Saisonarbeiter, Zwangsarbeiter, Gastarbeiter, Flüchtlinge,* Verlag C. H. Beck, München 2001, S. 204.

[17]Ebd, S. 205.

[18]Herbert, Ulrich: *Geschichte der Ausländerpolitik in Deutschland. Saisonarbeiter, Zwangsarbeiter, Gastarbeiter,*

der Ausländerbeschäftigung waren insbesondere durch deren Altersstruktur (18 - 45 Jahre) geprägt, welche sich positiv auf die Rentenversicherung auswirkte, da die ausländischen Arbeitskräfte die gleiche Sozialversicherung und Lohnsteuer zahlen mussten. Neben den nationalen Vorteilen der Ausländerbeschäftigung waren diese ebenfalls für den Zusammenhalt in Europa förderlich. So konnte die Ausländerbeschäftigung zur Entwicklungshilfe und Völkerverständigung beitragen. Die Ausländerbeschäftigung wurde für die Bundesrepublik ein außenpolitischer „Neuanfang". Trotz der Vorteile der Ausländerbeschäftigung war die Politik der Überzeugung, „[...] daß es sich dabei um ein zeitlich begrenztes Phänomen handele, um eine Übergangserscheinung."[19] Über die Chancen und Möglichkeiten der Ausländerbeschäftigung wurde sich zu diesem Zeitpunkt keine Gedanken gemacht.[20] Nach der Anwerbevereinbarung mit Italien (1955) folgten die Vereinbarungen mit Spanien und Griechenland (1960), Türkei (1961), Marokko (1963), Portugal (1964), Tunesien (1965) und Jugoslawien (1968).[21] In diesen Ländern wurden von der Bundesanstalt für Arbeit Dienststellen errichtet, um die Zusammenarbeit mit den nationalen Behörden zu fördern. 1966 wurde mit 1.313.500 ausländischen Arbeitskräften ein erster Spitzenwert erreicht. Die verschiedenen Nationalitäten verteilten sich ungleichmäßig über das Bundesgebiet, sodass regionale Schwerpunkte entstanden. Der überdurchschnittliche Anteil der türkischen Arbeitskräfte war in den Regionen: Berlin, Köln, Nordbayern und Hamburg. Der Schwerpunkt der Beschäftigung von Italienern lag in Baden-Württemberg.[22] Um die Zufuhr der ausländischen Arbeitskräfte flexibler zu regulieren wurde im April 1965 das Ausländergesetz erlassen. Ebenfalls gewährleistete das Ausländergesetz den Angehörigen der EWG-Ländern die arbeitsrechtliche Gleichstellung mit den deutschen Arbeitnehmern. Das Ausländergesetz beinhaltete das Konzept des vorübergehenden Aufenthalts, wodurch die ausländischen Arbeitskräfte ein Jahr an ihren Arbeitgeber gebunden wurden. Das Aufenthaltsrecht der ausländischen Arbeitskräfte wurden nach dem Ermessen der deutschen Behörden verlängert. Die Zeit des Aufenthalts der ausländischen Arbeitskräften wurde von den deutschen Behörden in Rücksprache mit den Arbeitgebern auf kurzfristig oder längerfristig eingeordnet, allerdings waren sie der Überzeugung, dass dieser auf jeden Fall zeitlich begrenzt war.[23]

Flüchtlinge, Verlag C. H. Beck, München 2001, S. 210.
[19]Ebd, S. 211.
[20]Vgl. ebd, S. 204-211.
[21]Vgl. Hunn, Karin: *„Nächstes Jahr kehren wir zurück...". Die Geschichte der türkischen Gastarbeiter in der Bundesrepublik,* Wallstein Verlag, Göttingen 2005, S. 29.
[22]Vgl. Schlaffke, Winfried/Voss, Rüdiger: *Vom Gastarbeiter zum Mitarbeiter. Ursachen Folgen und Konsequenzen der Ausländerbeschäftigung in Deutschland,* Informedia verlags-gmbh, Köln 1982, S. 25-26.
[23]Vgl. Herbert, Ulrich: *Geschichte der Ausländerpolitik in Deutschland. Saisonarbeiter, Zwangsarbeiter, Gastarbeiter, Flüchtlinge,* Verlag C. H. Beck, München 2001, S. 211-212.

Rezession (1966/67)

Die deutschen Behörden waren der Überzeugung, dass der Aufenthalt der ausländischen Arbeitskräfte zeitlich begrenzt wäre. Auch die ausländischen Arbeitskräfte verfolgten die Absicht der Rückkehr. Die ausländischen Arbeitskräfte wollten in möglichst kurzer Zeit viel Geld in der Bundesrepublik verdienen, um anschließend in ihrer Heimat ein besseres Leben führen zu können. Dementsprechend akzeptierten sie besonders schmutzige und schwere Arbeit, machten Überstunden, verzichteten auf einen dem Lohn entsprechenden Lebensstandard und Konsum, wohnten billig und hegten wenig Interesse für politische und gewerkschaftliche Aktivitäten. Sie arbeiteten zum Großteil als un- oder angelernte Arbeitskräfte im sekundären Sektor, „[...] und zwar vor allem in solchen Bereichen in denen schwere und schmutzige Arbeit, Akkordlohn, Schichtsystem sowie serielle Produktionsformen mit niedrigen Qualifikationsanforderungen (Fließband) besonders häufig waren."[24] Die „sektoralen Schwerpunkte" der Ausländerbeschäftigung weisen bis heute wenig Veränderungen auf. 42 % der Erwerbstätigen in der Elektrotechnik, im Automobil- und Maschinenbau haben eine ausländische Herkunft. Im verarbeitenden Gewerbe liegt der Anteil bei ausländischen Arbeitskräften bei 20 % und im Baugewerbe bei 12 %. 80 % der ausländischen Arbeitnehmer sind im sekundären industriellen Sektor angestellt.[25] Die ausländischen Arbeitskräfte wurden im Vergleich zu den deutschen auf verschiedenen Ebenen benachteiligt. Da allerdings die Verhältnisse der Bundesrepublik nicht als Maßstab genommen wurden, sondern die der Heimatländer, in denen eine große Arbeitslosigkeit herrschte, akzeptierten die ausländischen Arbeitskräfte diese. 1962 lebten zwei Drittel der ausländischen Beschäftigten in Gemeinschaftsunterkünften, welche von den Betrieben, städtischen Behörden Wohlfahrtsverbänden und Privatpersonen zum größten Teil bezahlt wurden. Erst die erschreckenden Lebensumstände weckten das Interesse der deutschen Bevölkerung für die Situation der Gastarbeiter. „Die Welt" berichtete 1960 über die Wohnverhältnisse der italienischen Arbeitskräfte und schrieb: „Die Bunker sind dabei fast noch attraktiv. Auch Baracken mit Doppel-, oft gar Dreideckerbetten scheinen direkt löblich [...].''[26] Da die Löhne und Sozialleistungen vertraglich festgelegt wurden und denen der Deutschen glichen, war die Unterbringung der ausländischen Arbeitskräfte die einzige Einsparungsmöglichkeit für Unternehmen. So wurden die Gastarbeiter in primitiven Wohnverhältnissen untergebracht, welche allerdings selbst an diesen interessiert waren, um Geld zu sparen. Um den schlechten Wohnverhältnissen entgegenzuwirken, förderte die Bundesregierung den Bau von Ausländerwohnungen. „Insgesamt aber blieb die Wohnsituation der Ausländer bis in die späten 70er Jahre das von außen sichtbarste Zeichen ihrer Unterprivilegierung und Benachteiligung in Deutschland.''[27]

---

[24]Ebd. S. 213.

[25]Vgl. Schlaffke, Winfried/Voss, Rüdiger: *Vom Gastarbeiter zum Mitarbeiter. Ursachen Folgen und Konsequenzen der Ausländerbeschäftigung in Deutschland,* Informedia verlags-gmbh, Köln 1982, S.26.

[26]Herbert, Ulrich: *Geschichte der Ausländerpolitik in Deutschland. Saisonarbeiter, Zwangsarbeiter, Gastarbeiter, Flüchtlinge,* Verlag C. H. Beck, München 2001, S. 214.

[27]Herbert, Ulrich: *Geschichte der Ausländerpolitik in Deutschland. Saisonarbeiter, Zwangsarbeiter, Gastarbeiter,*

Trotz möglichen negativen wirtschaftlichen Auswirkungen, gab es kaum kritische Stimmen zur Ausländerbeschäftigung. Erst seit 1964, vor allem mit dem Eintreten der Rezession 1966/67 begann die politische Debatte. Durch die weitere Beschäftigung von ausländischen Arbeitskräften könnten die unqualifizierten Arbeitsplätze nicht gestrichen werden, wodurch sich die Modernisierung der Industrieanlagen verzögern würde. Ebenfalls wurde kritisiert, dass das gesamte Konzept der Ausländerbeschäftigung auf der Überzeugung beruht, dass diese in ihre Heimatländer zurückkehren. Da der Trend dahin ging, dass die ausländischen Arbeitskräfte in der Bundesrepublik blieben, wurde von einer weiteren Beschäftigung abgeraten. Die Bundesregierung reagierte auf die kritischen Stimmen und verteidigte ihre Ausländerpolitik, indem sie die Vorteile der Ausländerbeschäftigung größer einordnete, als deren Gefahren. Die Rezession 1966/67 führte zu einem stagnieren der deutschen Wirtschaft. In diesen Jahren kam es zu einem Rückgang der Ausländerbeschäftigung um 400.000 Personen. Durch die nachlassende Nachfrage an Arbeitskräften durch die Unternehmen, kam es nur zu einem geringen Zufluss an ausländischen Arbeitskräften, wodurch die Gesamtzahl der ausländischen Arbeitskräften in der Bundesrepublik sank. Viele ausländische Arbeitskräfte kehrten in ihre Heimatländer zurück, da sie schlechte wirtschaftliche Aussichten in ihren Branchen befürchteten. In der Debatte um die Ausländerbeschäftigung spielte vor allem die wirtschaftlichen Aspekte eine große Rolle. Soziale Aspekte und Auswirkung eines langfristigen Aufenthalts der ausländischen Arbeitskräfte wurde nicht thematisiert. „Erst mit Einsetzen der wirtschaftlichen Rezession 1966 kamen neue Tendenzen zum Vorschein. Der stete Hinweis auf den ökonomischen Nutzen der Ausländerbeschäftigung verlor an Überzeugungskraft und die Gastarbeiter stießen in der Bevölkerung vermehrt auf Ablehnung."[28] Zu dieser Zeit waren 51 % der Bevölkerung gegen die Beschäftigung von ausländischen Arbeitskräften. Die steigende Arbeitslosigkeit und die Bildung von Vorurteilen führte zu einer Abneigung der deutschen Gesellschaft gegenüber den ausländischen Arbeitskräften. Aufgrund der Angst vor einer Konkurrenzsituation auf dem Arbeitsmarkt, war die Erwartung der deutschen Bevölkerung eine soziale und ökonomische Bevormundung.[29]

Portrait eines Gastarbeiters

„Wie haben Sie die ersten Jahre in Deutschland erlebt?
Die ersten Jahre waren, wie schon gesagt, traurig, ich war nicht daran gewöhnt alleine zu leben.
Sechzehn Jahre war ich hier ohne Familie [...]"[30]

Flüchtlinge, Verlag C. H. Beck, München 2001, S. 216.
[28] Ebd, S. 221.
[29] Vgl. ebd, S. 212-223.
[30] Vullo, Salvatore: Signore Guardavascio – *Ein Gastarbeiterportrait.* In: Amt für kulturelle Angelegenheiten Frankfurt am Main (Hrsg.): *„Mit Koffern voller Träume ... ",* Brandes & Apsel Verlag GmbH, Frankfurt a. M. 2013, S. 17.

Signore Guardavascio ist in Italien geboren und kam 1961 nach Deutschland (BRD). Er war zu diesem Zeitpunkt arbeitslos und machte sich auf den Weg nach Deutschland, um Arbeit zu finden. In Köln war er ein Jahr lang im Baugewerbe als Hilfsarbeiter und vier Jahre bei der Müllabfuhr beschäftigt, ehe er aufgrund der Erkrankung seiner Frau nach Italien zurückkehrte. 1965 kam er zurück nach Deutschland (BRD), allerdings nicht nach Köln sondern nach Frankfurt. Die Unterkünfte waren dreckige Holzbaracken, in denen bis zu zehn Personen in Zimmern mit Hochbetten lebten. Aufgrund des Platzmangels und der Zeitersparnis wurde oft gemeinsam gekocht. Die Stimmung untereinander empfand Herr Guardavascio als sehr angespannt, allerdings wurde nach der Arbeit die Zeit gemeinsam verbracht, sie gingen spazieren, spielten Karten oder unterhielten sich. Als Herr Guardavascio begann bei der Müllabfuhr zu arbeiten, ist er in ein normales sauberes Haus gezogen, allerdings wohnten sie zu zweit oder zu viert in einem Zimmer. Die Miete der Unterkünfte wurden nicht vom Arbeitgeber übernommen, sondern wurden vom Lohn abgezogen. Seine Arbeit bei der Müllabfuhr beschrieb Herr Guardavascio als sehr anstrengend. „Wir mussten die Mülltonnen in den LKW ausleeren und damit den Müll zur Mülldeponie transportieren. Das war eine sehr harte Arbeit, ich war mit dieser Tätigkeit nicht vertraut und musste daher sehr aufpassen."[31] Unter seinen Kollegen waren sowohl Deutsche als auch „Gastarbeiter" verschiedener Nationalitäten. Auf die Frage, welches Bild er von Deutschland (BRD) hatte antwortete er: „Ich hatte die Absicht zwei oder drei Jahre hierzubleiben und dann zurück nach Italien zu kehren. Leider ist es nicht so gewesen, ich bin bis jetzt noch hier mit der ganzen Familie."[32] Die Situation am Arbeitsplatz beschrieb er als sehr traurig, da eine ständige Ungewissheit herrschte. Sein Ziel war es, durch die Arbeitsstelle in Deutschland (BRD) seine in Italien lebende Familie zu ernähren. „Man musste sparen, um ein wenig mehr Geld zur Familie schicken zu können, das war nun mal das Ziel."[33] 1976 konnte Herr Guardavascio seine Familie nach Deutschland (BRD) holen. Dabei hatte er Schwierigkeiten, eine Wohnung für seine Familie zu finden. Auf die Frage, woran er sich gerne zurück erinnert, antwortete er: „Naja, ich erinnere mich, dass ich arbeitete. In den letzten zwanzig Jahren habe ich nur bei einer einzigen Firma gearbeitet. Nun bin ich Rentner und lebe so vor mich hin."[34] Die deutsche Sprache habe er nie richtig gelernt, da er ein sehr häuslicher Mensch gewesen sei. Dies lag vor allem daran, dass Freizeitaktivitäten mit Kosten verbunden waren. Das gesparte Geld schickte er lieber seiner Familie, um diese besser versorgen zu können. Herr Guardavascio erzählte von seinen Freunden und Bekannten, welche zum Teil nach Italien zurückkehrten.

---

[31]Ebd, S. 16.
[32]Ebd, S. 16.
[33]Ebd, S. 17.
[34]Vullo, Salvatore: Signore Guardavascio – *Ein Gastarbeiterportrait*. In: Amt für kulturelle Angelegenheiten Frankfurt am Main (Hrsg.): „*Mit Koffern voller Träume ...* ", Brandes & Apsel Verlag GmbH, Frankfurt a. M. 2013, S. 18.

„Mir ist es leider nicht gelungen, denn ich hatte eine große Familie und habe es in Italien nicht ge-schafft, diese zu ernähren. Daher war ich gezwungen in Deutschland zu bleiben, denn hier fehlte es nie an Arbeit."[35] Sein Verhältnis zu den Deutschen beschrieb er als relativ gut. Er habe sich seit Be-ginn des Deutschlandaufenthalts stets akzeptiert gefühlt. Trotzdem hatte er immer wieder die Hoff-nung, dass er nach Italien zurückkehren könne. Aus besagten Gründen war dies nicht möglich und nun lebt seine gesamte Familie in Deutschland, zu der er ein sehr gutes Verhältnis pflegt. Seine Kinder sind alle in Italien geboren, allerdings in Deutschland zur Schule gegangen und haben diese mit einem Abschluss erfolgreich verlassen. Für die Zukunft würde er sich wünschen, wieder nach Italien zu-rückzukehren, da er sich dort wohler fühlt.[36]

Erneuter wirtschaftlicher Aufschwung bis hin zum Anwerbestopp (1973)

Die Rezession konnte relativ schnell überwunden werden und es kam ab 1968 wieder zu steigenden wirtschaftlichen Wachstumsraten. 1968 erreichte die Bundesrepublik eine Wachstumsrate von +7,3 %. Der positive Trend der deutschen Wirtschaft hielt bis 1973 an. Durch den wirtschaftlichen Auf-schwung stieg die Zahl der offenen Arbeitsstellen wieder stark an, wodurch die Nachfrage an auslän-dischen Arbeitskräften ebenfalls stieg. Die Zahl der ausländischen Arbeitskräfte nahm im Zeitraum von 1968 bis 1973 von 1,014 Millionen auf 2,595 Millionen zu. Vor allem die Zahl der türkischen Arbeitskräfte stieg besonders stark. 1967 lebten 130.000 beschäftigte Türken in der Bundesrepublik, während 1973 600.000 türkische Arbeitskräfte in deutschen Unternehmen beschäftigt waren. In die-ser Zeit nahm die Aufenthaltsdauer der Ausländer und deren Familiennachzug stetig zu. 30 % der ausländischen Arbeitnehmer waren Mitte der 60er Jahre weiblich. Ebenfalls nahm die Zahl der nicht erwerbstätigen Ausländer zu. „In der Perspektive der Verantwortlichen bei Wirtschaft und Behörden barg dies die Gefahr einer zunehmenden finanziellen Belastung für die Bundesrepublik in sich."[37] Man berief sich in der Diskussion um diese Problematik auf den Rückgang der ausländischen Bevöl-kerung während der Rezession 1966/67. Dementsprechend würde eine kommende wirtschaftliche Krise den Anteil der ausländischen Bevölkerung gleichermaßen senken, wie während dieser Rezes-sion. Seit 1970 gewannen die Debatten in der Bundesrepublik über die Vor- und Nachteile der Aus-länderbeschäftigung an Härte. Besonders die Arbeitserlaubnisverordnung von 1971 sorgte für Dis-kussionen, da diese eine befristete Arbeitserlaubnis über einen Zeitraum von fünf Jahren beinhaltete, unabhängig von der Entwicklung des Arbeitsmarktes. Durch die Arbeitserlaubnisverordnung konn-ten 40 % der ausländischen Arbeitskräfte nicht zu einer kurzfristigen Rückkehr in ihre Heimatländer gezwungen werden und die Bundesrepublik verlor ihren größten Vorteil der Ausländerbeschäftigung,

---

[35]Ebd, S. 20.
[36]Vgl. ebd, S. 16-22.
[37]Herbert, Ulrich: *Geschichte der Ausländerpolitik in Deutschland. Saisonarbeiter, Zwangsarbeiter, Gastarbeiter, Flüchtlinge,* Verlag C. H. Beck, München 2001, S. 225.

den „Konjunkturpuffer". Durch die langfristige Bindung eines großen Teils der ausländischen Arbeitskräfte, konnte die Regierung nur noch eingeschränkt auf den Arbeitsmarkt in Form von Neuanwerbungen, bzw. Rückführungen von ausländischen Arbeitskräften einwirken. Auf der Grundlage einer Kosten-Nutzen-Abwägung kam die Bundesregierung zu dem Entschluss, dass die Integration von ca. vier Millionen Ausländern zu teuer sei, da angemessene Wohnungen, die Bereitstellung von Schulen und ein angemessener Ausbau der Infrastruktur hätte gewährleistet werden müssen. „Der nicht integrierte, auf sehr niedrigem Lebensstandard vegetierenden Gastarbeiter verursacht relativ geringe Kosten von vielleicht 30.000 DM. Bei Vollintegration muss jedoch eine Inanspruchnahme der Infrastruktur von 150.000 bis 200.000 DM je Arbeitnehmer angesetzt werden. Hier beginnen die politischen Aspekte des Gastarbeiterproblems."[38] Bei der Kosten-Nutzen-Abwägung wurde ebenfalls aus volkswirtschaftlicher Perspektive die Erkenntnis gewonnen, dass ein längerfristige Aufenthalt der ausländischen Arbeitskräfte in der Bundesrepublik mit steigenden Kosten verbunden sei. Durch den Familiennachzug würde die regionale Mobilität der Gastarbeiter geschwächt, wodurch regionale Unterschiede des Arbeitsmarktes nicht mehr so einfach ausgeglichen hätten werden können. Die Folge dessen wäre eine sinkende Wachstumsrate der deutschen Wirtschaft. Dementsprechend kam es 1973 zu einem Wendepunkt der Ausländerpolitik. Die Gebühren für die Vermittlung von Gastarbeitern aus Nicht-EG-Ländern wurde von 300 DM auf 1000 DM angehoben. Um den Zustrom von Gastarbeitern aus Nicht-EG-Ländern komplett abzuschneiden, kam es am 23. November 1973 zum Anwerbestopp. Die Bundesrepublik rechnete dabei mit einem Rückgang der ausländischen Bevölkerung von 250.000 pro Jahr. Um Konflikte mit den Entsendeländern zu umgehen, wurde der „Ölboykott" als Grund für den Anwerbestopp genannt. Dabei handle es sich um eine „prophylaktische Maßnahme" die sich ausschließlich auf den „Ölboykott" bezog und keines Falls durch die Kosten-Nutzen-Abwägung der Bundesrepublik geprägt war.[39] Die Konsequenzen des Anwerbestopps waren einerseits der Rückgang der Beschäftigung ausländischer Arbeitskräfte, andererseits ein erhebliches Steigen der ausländischen Wohnbevölkerung, durch die Familienzusammenführungen. Durch den wachsenden Anteil der ausländischen Arbeitnehmer, die sich in der Bundesrepublik niederließen, stieg die durchschnittliche Dauer des Aufenthalts ausländischer Arbeitskräfte in der Bundesrepublik. 1973 betrug die Zahl der ausländischen ausländischen Wohnbevölkerung ca. vier Millionen.[40]

---

[38]Herbert, Ulrich: *Geschichte der Ausländerpolitik in Deutschland. Saisonarbeiter, Zwangsarbeiter, Gastarbeiter, Flüchtlinge,* Verlag C. H. Beck, München 2001, S. 227.

[39]Vgl. Herbert, Ulrich: *Geschichte der Ausländerpolitik in Deutschland. Saisonarbeiter, Zwangsarbeiter, Gastarbeiter, Flüchtlinge,* Verlag C. H. Beck, München 2001, S. 223-229.

[40]Vgl. Schlaffke, Winfried/Voss, Rüdiger: *Vom Gastarbeiter zum Mitarbeiter. Ursachen Folgen und Konsequenzen der Ausländerbeschäftigung in Deutschland,* Informedia verlags-gmbh, Köln 1982, S.28.

Fazit

**Tab. 21: Aufenthaltsdauer in der Bundesrepublik
nach Staatsangehörigkeit 1981[87]**

Staats-ange-hörigkeit	Ins-gesamt in 1000 in %	Davon Aufenthaltsdauer von … bis unter … Jahren						
		unter 1	1 bis 4	4 bis 6	6 bis 8	8 bis 10	10 bis 15	15 u. mehr
Türkei	1580,7	52,2	343,3	171,3	164,2	275,3	474,6	99,7
	100	3,3	21,7	10,9	10,4	17,4	30,0	6,3
Jugo-slawien	631,7	12,6	62,0	39,7	39,7	89,7	327,4	60,5
	100	2,0	9,8	6,3	6,3	14,2	51,8	9,6
Italien	601,6	21,1	94,9	53,8	36,2	58,0	187,9	149,7
	100	3,5	15,8	9,9	6,0	9,0	31,2	24,7
Griechen-land	300,8	6,9	24,5	15,4	19,0	28,7	126,6	79,7
	100	2,3	8,2	5,1	6,3	9,5	42,1	26,5
Spanien	137,5	2,5	9,5	6,6	8,5	18,8	66,4	51,3
	100	1,4	5,5	3,8	4,9	10,8	38,3	35,3
Insgesamt	4666,9	209,1	879,8	409,0	362,0	594,1	1449,9	762,6
	100	4,5	18,9	8,8	7,8	12,7	31,1	16,4

Quelle: Herbert, Ulrich: Geschichte der Ausländerpolitik in Deutschland. Saisonarbeiter, Zwangsarbeiter, Gastarbeiter, Flüchtlinge, Verlag C. H. Beck, München 2001, S. 226.

Die grundsätzliche Auffassung der Bundesrepublik über ihre eigene Ausländerpolitik war, dass die Aufnahme ausländischer Arbeitskräften rein aus arbeitsmarktpolitischen Gründen geschah. Dementsprechend sei die Bundesrepublik kein Einwanderungsland, sondern ein „Aufenthaltsland für Ausländer". Dies ist daran zu verdeutlichen, dass die Bundesrepublik bei der Einreise der ausländischen Arbeitskräfte auf die Vorbedingungen einer klassischen Einwanderungspolitik verzichtete. Der Aufenthalt der ausländischen Arbeitskräfte diente ausschließlich dem wirtschaftlichen Interesse der Bundesrepublik, das keine Einwanderung der zusätzlichen Arbeitskräfte vorsah.[41] Die ausländischen Arbeitskräfte dienten ausschließlich dem Zweck, die steigende Nachfrage an Arbeitskräften zu überbrücken und durch ihre Mobilität, im Sinne eines größtmöglichen Wirtschaftswachstums, regionale wirtschaftliche Disparitäten auszugleichen. „Es wurde deutlich, dass das rein ökonomisch gedachte Rotationsprinzip die menschlichen Aspekte der Arbeitsmigranten außer Acht gelassen hatte."[42] Ebenfalls problematisch war, dass das System der Ausländerbeschäftigung der Bundesrepublik allein auf

---

[41]Schlaffke, Winfried/Voss, Rüdiger: *Vom Gastarbeiter zum Mitarbeiter. Ursachen Folgen und Konsequenzen der Ausländerbeschäftigung in Deutschland,* Informedia verlags-gmbh, Köln 1982, S.32.
[42]Bundeszentrale für politische Bildung: *Migration und Integration, URL:* https://www.bpb.de/izpb/198020/migration-und-integration (letzter Zugriff: 07.04.2021).

der Überzeugung beruhte, dass der Aufenthalt ausländischer Arbeitskräfte vorübergehend sei. Da allerdings die Erwartungen der ausländischen Arbeitskräfte nicht erfüllt worden waren und die Heimatländer wenig wirtschaftliche Anreize zur Rückkehr boten, verlängerte sich der Aufenthalt der „Gastarbeiter" in der Bundesrepublik.[43] Dies hatte zur Folge, dass die Zahl der Ausländer mit einem langfristigen Aufenthalt in der Bundesrepublik stieg. Am 30. September 1981 betrug die Zahl der ausländische Wohnbevölkerung 4,63 Millionen, davon waren 1,385 Millionen Frauen und 1,66 Millionen Kinder. Die steigenden Zahlen der ausländischen Frauen und Kinder waren die Folge des Familiennachzuges. Dadurch stieg die Zahl der Ausländer in der Bundesrepublik, obwohl die Zahl der ausländischen Arbeitskräfte sank. Durch die steigende Anzahl der ausländischen Wohnbevölkerung, kam es regional zu strukturellen Problemen. Da die ausländischen Arbeitnehmer kostengünstig in der Nähe des Beschäftigungsortes untergebracht wurden, konnten keine Vorsorgemaßnahmen für den Familiennachzug getroffen werden, wodurch es an angemessenen Familienwohnungen fehlte. Da die Politik keine aktive Einwanderungspolitik praktizierte, fehlte es ebenfalls an ausreichend Kindergartenplätzen und schulischen Einrichtungen. Die Altersgruppe der Ausländer zwischen 15-24 Jahre wies 1980 mit 43,5 % den höchsten Anteil Ungelernter auf und war damit stark von Arbeitslosigkeit bedroht. Nur 25,5 % der ausländischen Arbeitnehmer sind trotz langjährigen Aufenthalts zu Fachkräften aufgestiegen.[44] Dies sind Indizien für die Unterprivilegierung der ausländischen Bevölkerung, innerhalb der Bundesrepublik Deutschland.

Grundsätzlich ist an der Ausländerpolitik der Bundesrepublik zu kritisieren, dass diese trotz des statistisch längeren Aufenthalts der ausländischen Bevölkerung keine Maßnahmen zur Integration ergriffen haben. Dabei ist deutlich zu erwähnen, dass das Prinzip der Ausländerbeschäftigung nicht kritisiert wird, da es sowohl für die Bundesrepublik, als auch für die ausländischen Arbeitskräfte und die Entsendeländer vorteilhaft ist. Die Bundesrepublik hat allerdings zu spät auf die stetig steigende Zahl der ausländischen Bevölkerung reagiert, da sie sich selbst bis in die späten 1980 als kein Einwanderungsland ansah. Es wurde keine aktive Einwanderungspolitik betrieben, demzufolge konnte keine Integration der Ausländer ermöglicht werden. Da die Bundesrepublik im Gegensatz dazu durch verschiedene Gesetze, wie z. B. durch die Arbeitserlaubnisverordnung von 1971, die Aufenthaltsdauer der Ausländer in der Bundesrepublik verlängerte, entwickelte sich die Bundesrepublik zu einem Einwanderungsland, ohne dass sie es selber realisierte bzw. entsprechende Maßnahmen einleitete (Einwanderungspolitik). Ein wichtiger Aspekt der Einwanderungspolitik ist z.B. der Austausch

[43]Schlaffke, Winfried/Voss, Rüdiger: *Vom Gastarbeiter zum Mitarbeiter. Ursachen Folgen und Konsequenzen der Ausländerbeschäftigung in Deutschland,* Informedia verlags-gmbh, Köln 1982, S.34.
[44]Vgl. ebd, S. 28-31.

zwischen den Kulturen. Trotz der steigenden Zahl an Ausländern und vor allem an Frauen und Kindern, wurde keine aktive Einwanderungspolitik seitens der Bundesregierung betrieben. Eine Integration der ersten Arbeitsmigranten Generation erfolgte demzufolge nicht, da die Bundesrepublik sowie die ausländischen Arbeitskräfte diese gar nicht anstrebten. Um eine Integration gewährleisten zu können, hätte die Bundesrepublik frühzeitig die politische Debatte aufnehmen und die Integration der ausländischen Arbeitskräfte in Betracht ziehen müssen. Da die Bundesrepublik nicht rechtzeitig den Status eines Einwanderungslandes anerkannt hat, ergibt sich die Problematik, dass die Zahl der Ausländer stetig stieg, allerdings nicht im Sinne einer Einwanderungspolitik gehandelt wurde.

Ausblick

Auf der Grundlage des demografischen Wandels innerhalb der deutschen Bevölkerungsstruktur, rechnet die Bundesagentur für Arbeit bis 2025 mit einem Fachkräftemangel von ca. 5,4 Millionen. Der deutsche Arbeitsmarkt weist in verschiedenen Berufsfeldern einen erheblichen Mangel an Fachkräften auf. Der Trend geht dahin, dass der Arbeitskräftemangel akuter wird und sich auf andere Berufsfelder ausbreitet. Ein Großteil der fehlenden Arbeitskräfte kann durch den deutschen Arbeitsmarkt aufgefangen werden, allerdings sollen ebenfalls ausländische Fachkräften diese Lücken füllen. Es wird damit gerechnet, dass bis 2025 ca. 800.000 Fachkräften nach Deutschland kommen.[45] „Die Zuwanderungsprognosen der Bundesagentur für Arbeit basieren auf einer Fortsetzung der in der Vergangenheit beobachteten langfristigen Nettozuwanderung von 200.000 Zuwanderern pro Jahr sowie auf der Annahme, dass unter diesen etwa 40% bzw. 80.000 Fachkräfte sind."[46] Um dem Problem des Arbeitskräftemangels entgegenzuwirken, wird die regulierte Zuwanderung von ausländischen Fachkräften in Betracht gezogen. Wichtig dabei ist, dass die Bundesrepublik Vorsorgemaßnahmen für die Integration und die Vorbedingungen einer klassischen Einwanderungspolitik gewährleistet, um den Zugewanderten die Chancengleichheit und die aktive Teilhabe am gesellschaftlichen, wirtschaftlichen und kulturellen Leben zu ermöglichen. Die Bundesrepublik muss sich im Klaren sein, dass sie ein Einwanderungsland ist und dementsprechend eine aktive Einwanderungspolitik praktiziert.

---

[45]Vgl. OECD: Zuwanderung ausländischer Arbeitskräfte: Deutschland, OECD, 2013, S. 47-48.
[46]OECD: Zuwanderung ausländischer Arbeitskräfte: Deutschland, OECD, 2013, S. 48.

Literaturverzeichnis

Bundesamt für Migration und Flüchtlinge: *Integration*, URL: *https://www.bamf.de/DE/Service/ ServiceCenter/Glossar/_functions/glossar.html?nn=282918&cms_lv3=294894&cms_lv2=282958* (letzter Zugriff: 30.03.2021).

Bundeszentrale für politische Bildung: *Migration und Integration, URL:* https://www.bpb.de/izpb/198020/migration-und-integration (letzter Zugriff: 07.04.2021).

Destatis – Statistisches Bundesamt: Migration und Integration, URL: *https://www.destatis.de/DE/Themen/Gesellschaft-Umwelt/Bevoelkerung/Migration-Integration/_inhalt.html* (letzter Zugriff: 30.03.2021).

Esser, Hartmut/Gaugler, Eduard/Neumann, Karl-Heinz: *Arbeitsmigration und Integration. Sozialwissenschaftliche Grundlagen*, Peter Hanstein Verlag GmbH, Königstein 1979.

Heckmann, Friedrich: *Die Integrationsdebatte in Deutschland*. In: Meier-Braun, Karl-Heinz/Weber, Reinhold: *Migration und Integration in Deutschland. Begriffe-Fakten-Kontroversen*, Kohlhammer Verlag, Bonn 2013, S. 227-229.

Herbert, Ulrich: *Geschichte der Ausländerpolitik in Deutschland. Saisonarbeiter, Zwangsarbeiter, Gastarbeiter, Flüchtlinge,* Verlag C. H. Beck, München 2001.

Hunn, Karin: *„Nächstes Jahr kehren wir zurück...". Die Geschichte der türkischen Gastarbeiter in der Bundesrepublik*, Wallstein Verlag, Göttingen 2005.

OECD: *Zuwanderung ausländischer Arbeitskräfte: Deutschland,* OECD, 2013.

Schlaffke, Winfried/Voss, Rüdiger: *Vom Gastarbeiter zum Mitarbeiter. Ursachen Folgen und Konsequenzen der Ausländerbeschäftigung in Deutschland,* Informedia verlags-gmbh, Köln 1982.

Vullo, Salvatore: Signore Guardavascio – *Ein Gastarbeiterportrait*. In: Amt für kulturelle Angelegenheiten Frankfurt am Main (Hrsg.): *„Mit Koffern voller Träume ... "* , Brandes & Apsel Verlag GmbH, Frankfurt a. M. 2013, S. 16-22.

BEI GRIN MACHT SICH IHR
WISSEN BEZAHLT

- Wir veröffentlichen Ihre Hausarbeit,
  Bachelor- und Masterarbeit

- Ihr eigenes eBook und Buch -
  weltweit in allen wichtigen Shops

- Verdienen Sie an jedem Verkauf

Jetzt bei www.GRIN.com hochladen
und kostenlos publizieren